D0884147

Archives nationales du Québec

L'hôpital

Retiré de la collection universelle
Bibliothèque et Archives nationales du Québec

Texte de Stéphanie Ledu
Illustrations de Patrick Chenot

Bibliothèque et Archives nationales du Québec

Pin-pon, pin-**pon** !...
Mais où fonce cette **ambulance** ?
Elle emmène un malade à l'**hôpital** !

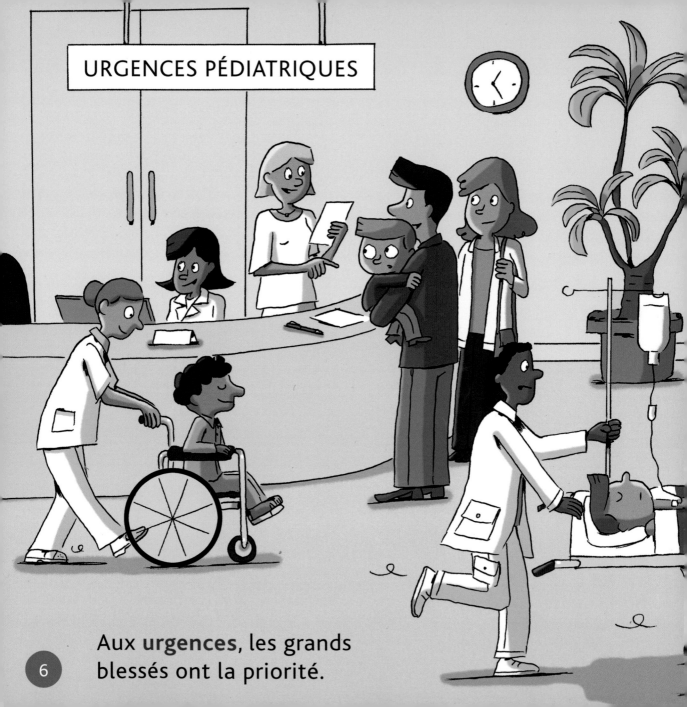

URGENCES PÉDIATRIQUES

Aux **urgences**, les grands blessés ont la priorité.

Quand on souffre
d'une maladie ou d'une
blessure moins grave,
on se présente à l'**accueil**,
puis on prend place
dans la **salle d'attente**.

Des **médecins** et des **infirmiers** examinent
les malades dans de petites salles.
Une coupure ? Il faut recoudre la plaie.

Quand on souffre
d'une maladie ou d'une
blessure moins grave,
on se présente à l'**accueil**,
puis on prend place
dans la **salle d'attente**.

7

Des **médecins** et des **infirmiers** examinent
les malades dans de petites salles.
Une coupure ? Il faut recoudre la plaie.

Une chute ? La **radio** montre si l'os est cassé.
Dans ce cas, on l'immobilise avec un **plâtre**.

Après avoir fait des **examens**, le médecin décide parfois de garder une personne à l'hôpital.

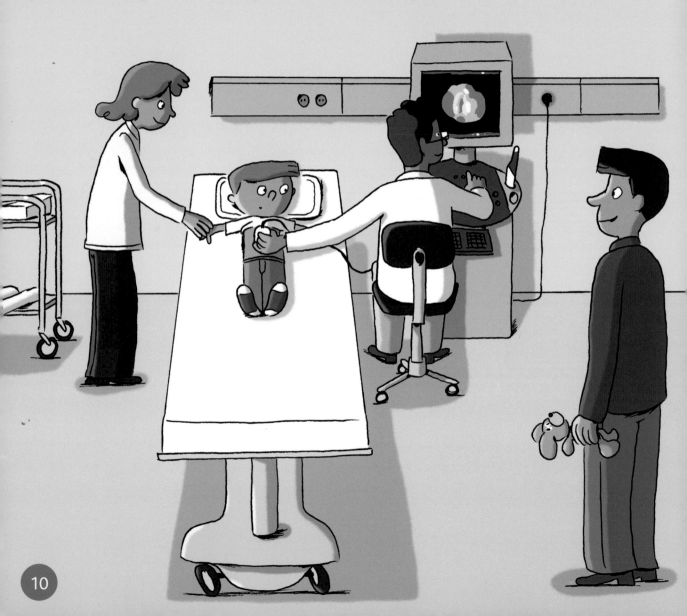

Aïe ! Ce petit garçon a très mal au ventre.
Diagnostic du docteur : « C'est une **crise
d'appendicite** ! Il faudra t'opérer demain... »

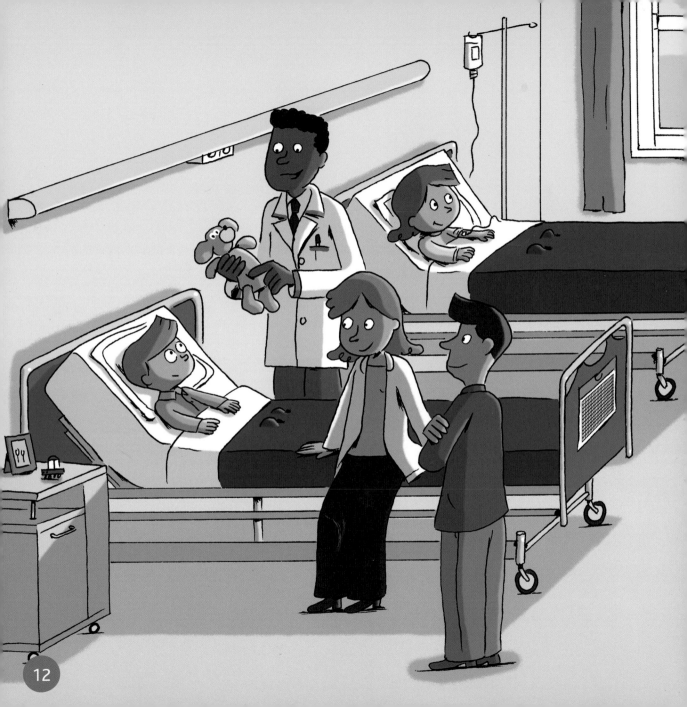

Un **chirurgien** rend visite à l'enfant dans sa chambre.
« Ne t'inquiète pas ! » Il lui montre sur Nounours
les gestes qu'il fera durant l'**intervention**.
« Tu vois, c'est une toute petite **opération** ! »

13

La **nuit**, l'hôpital n'est pas complètement calme.
On entend les bruits que font les machines
médicales, la voix des infirmières qui continuent
de **veiller** sur les malades...

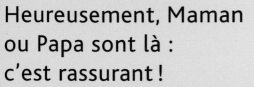

Heureusement, Maman
ou Papa sont là :
c'est rassurant !

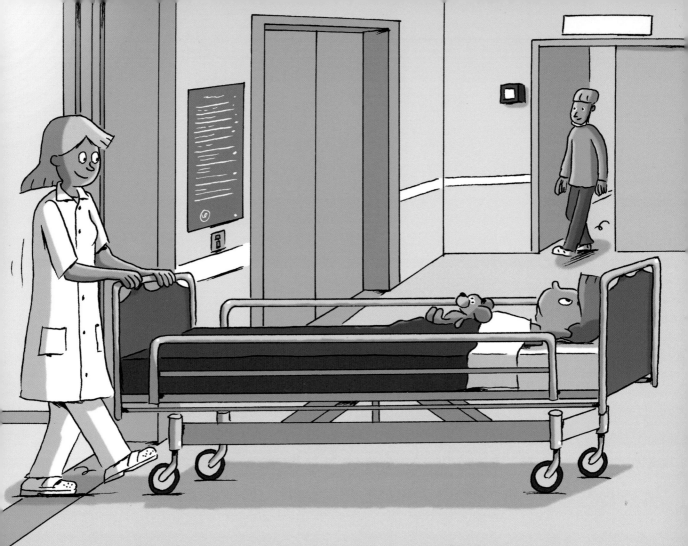

Le lendemain matin, une **puéricultrice**,
l'infirmière des tout-petits, conduit
le jeune malade au **bloc opératoire**.

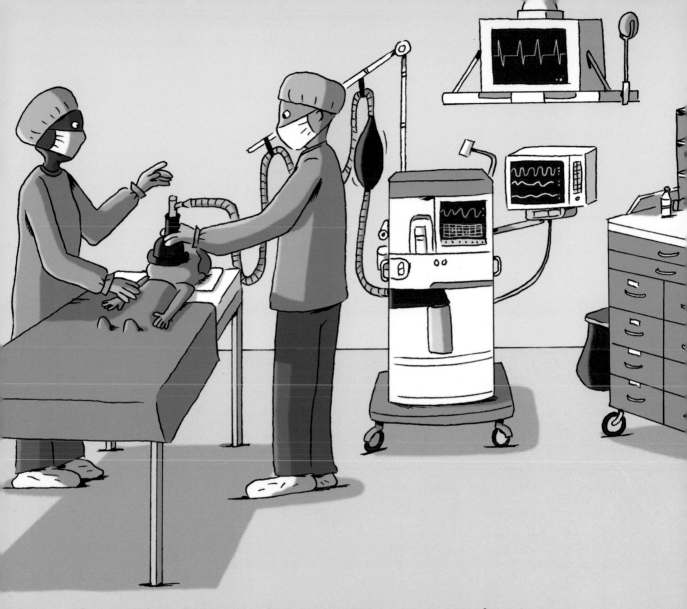

L'**anesthésiste** applique un **masque** sur le visage
du petit garçon. Il respire un produit spécial...
Pas le temps de compter jusqu'à 3 : il dort déjà !

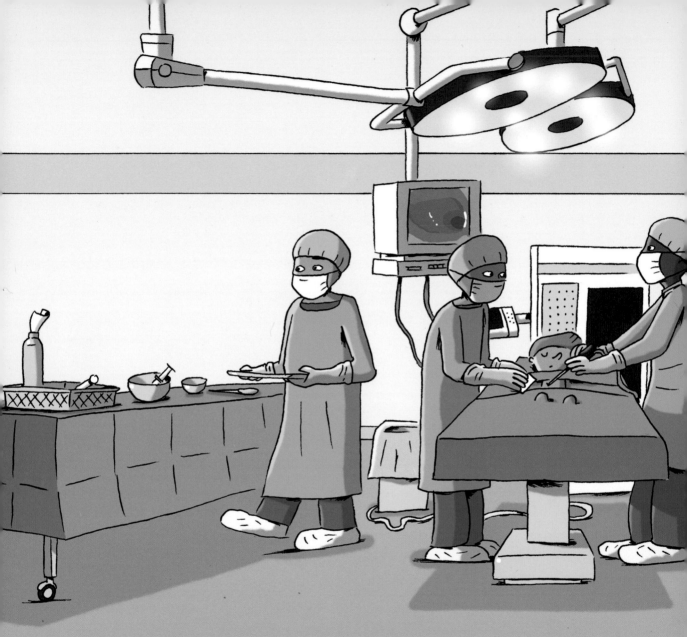

Au **bloc**, chaussons, blouses et masques sont obligatoires :
ainsi, les **microbes** n'entrent pas !

18

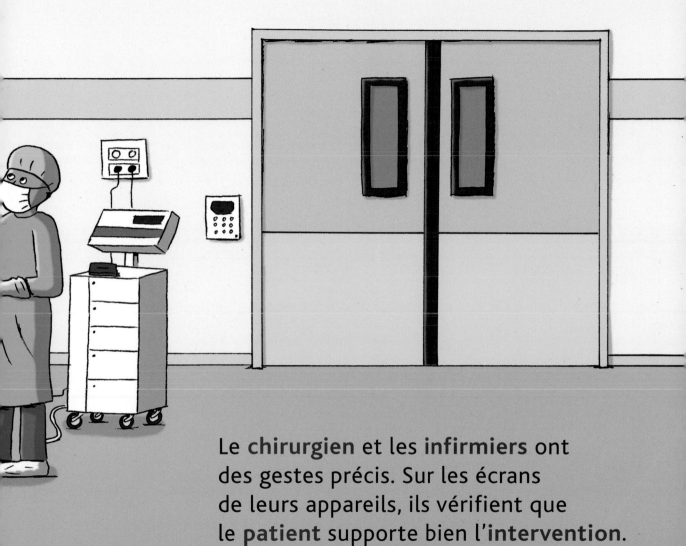

Le **chirurgien** et les **infirmiers** ont
des gestes précis. Sur les écrans
de leurs appareils, ils vérifient que
le **patient** supporte bien l'**intervention**.

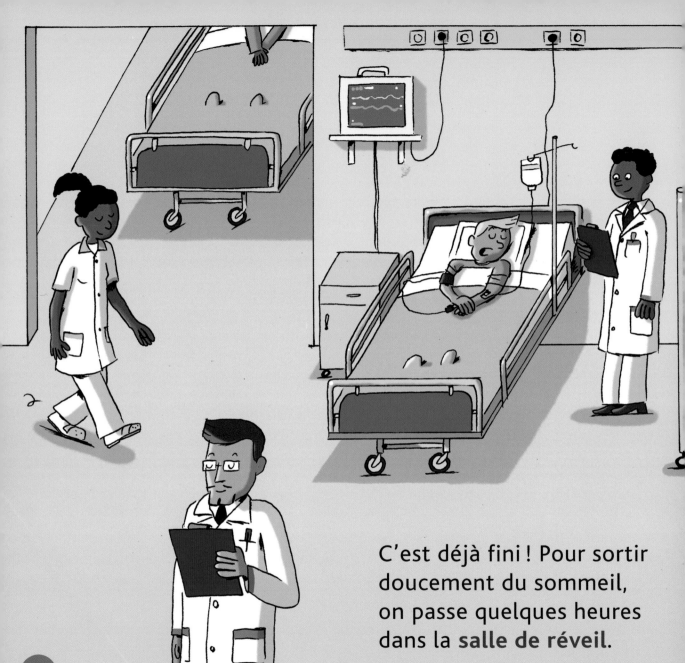

C'est déjà fini ! Pour sortir doucement du sommeil, on passe quelques heures dans la **salle de réveil**.

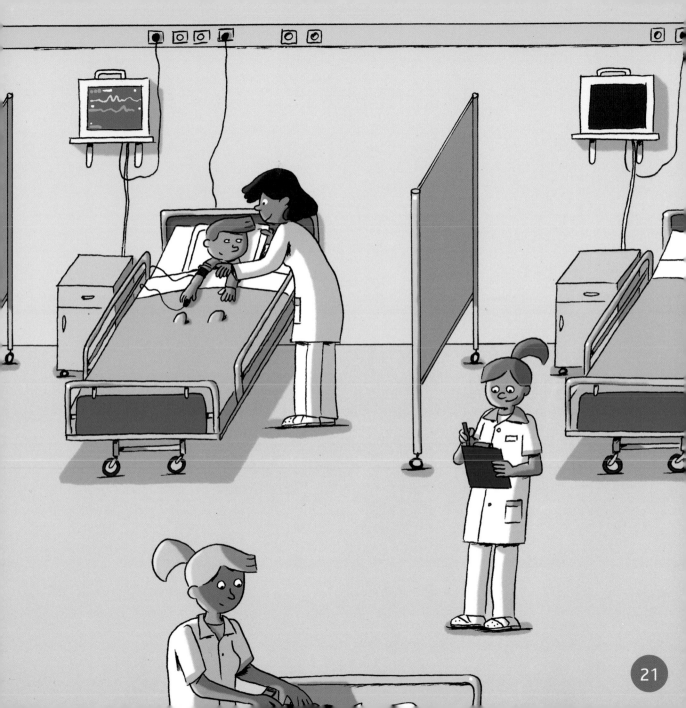

Après l'**opération**, on se sent très fatigué. C'est normal !
Chut, pas de bruit ! Les malades ont besoin de **repos**.

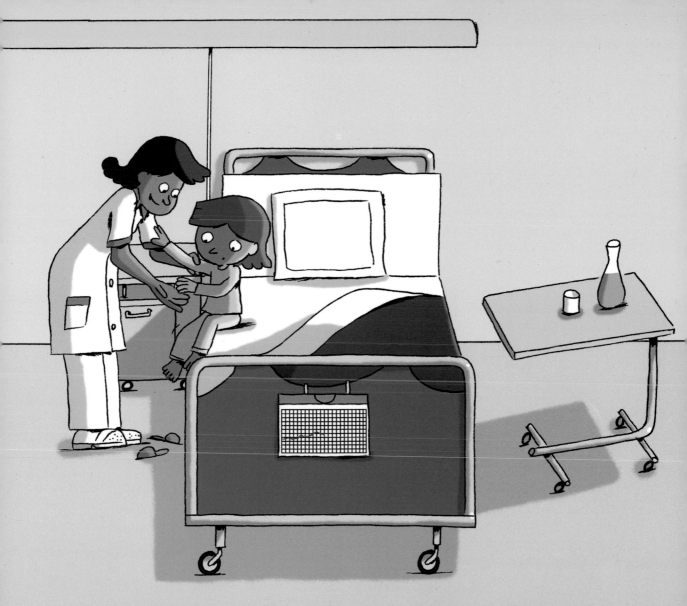

Les **infirmiers** et les **aides-soignants** ne sont jamais loin. On peut les appeler avec la sonnette si l'on a mal ou besoin de quelque chose...

À l'hôpital, pas question de s'ennuyer !
Dès qu'on se sent mieux, on peut aller
à la **bibliothèque** ou à la **salle de jeux**.

24

Un enseignant vient aussi faire l'école aux enfants qui souffrent d'une maladie plus grave et qui restent longtemps **hospitalisés**.

Cette partie de l'hôpital est réservée à la **pédiatrie**, qui concerne les enfants. Mais ici, on soigne aussi les adultes. Chaque maladie a son **service** et ses médecins spécialisés.

Et la **maternité** ?

> < URGENCES
> < KINÉSITHÉRAPIE
> MATERNITÉ >
> CHAMBRES 01 À 84 >
> CHAMBRES 101 À 162 >
> SALLE DE RÉUNION >

C'est là que des mamans viennent **accoucher**.
Les **sages-femmes** les accompagnent pendant
la naissance de leur enfant et les jours suivants.

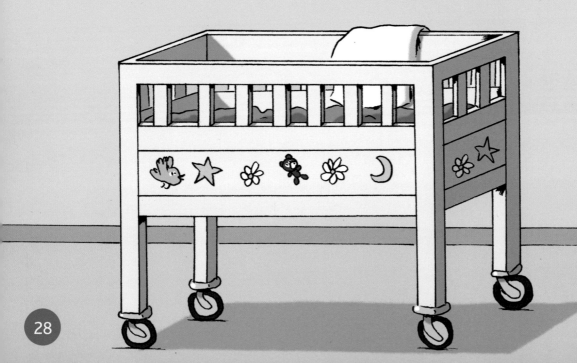

C'est aussi là que l'on vient voir pour
la première fois son nouveau petit frère
ou sa nouvelle petite sœur. Bonjour, bébé !

29

Dans la collection Mes P'tits DOCS

Les animaux de la banquise

Les animaux de la savane

Au bain !

Le bébé

Les camions

Le chantier

Les châteaux forts

Les chevaliers

Chez le docteur

Le cirque

Les Cro-Magnon

Les dinosaures

L'école maternelle

L'espace

La ferme

Le football

Le handicap

Les Indiens

Le jardin

La Lune

Les maisons du monde

La mer

La musique

Noël

La nuit

Le pain

Les pirates

Les policiers

Les pompiers

Les princesses

La station de ski

Les voitures

Voyage en avion

Voyage en train

Le zoo

L'auteure remercie Julie Morand et Romain Birot pour leur aide précieuse.

www.editionsmilan.com

© 2009 Éditions MILAN – 300, rue Léon-Joulin, 31101 Toulouse Cedex 9, France.
Droits de traduction et de reproduction réservés pour tous les pays.
Toute reproduction, même partielle, de cet ouvrage est interdite.
Une copie ou reproduction par quelque procédé que ce soit, photographie, microfilm,
bande magnétique, disque ou autre, constitue une contrefaçon passible des peines
prévues par la loi du 11 mars 1957 sur la protection des droits d'auteur.
Loi 49-956 du 16 juillet 1949 sur les publications destinées à la jeunesse.
ISBN : 978-2-7459-3806-0
Dépôt légal : 3e trimestre 2009
Mise en pages : Graphicat

Imprimé en Italie par Ercom